J Sp 530.4 Kwo
Kwok, Yeong-Jik
Solidos, liquidos y gases /

34028084156182
OF $16.99   ocn807039372
12/18/12

3 4028 08415 6182
HARRIS COUNTY PUBLIC LIBRARY

click
click
click

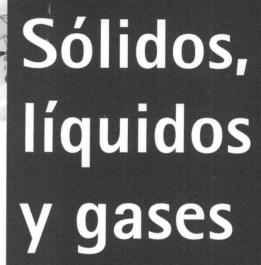

Sólidos, líquidos y gases

Autor: Yeong-Jik Kwok

Ilustradora: Chung Seong-Hwa

D1518606

Altea

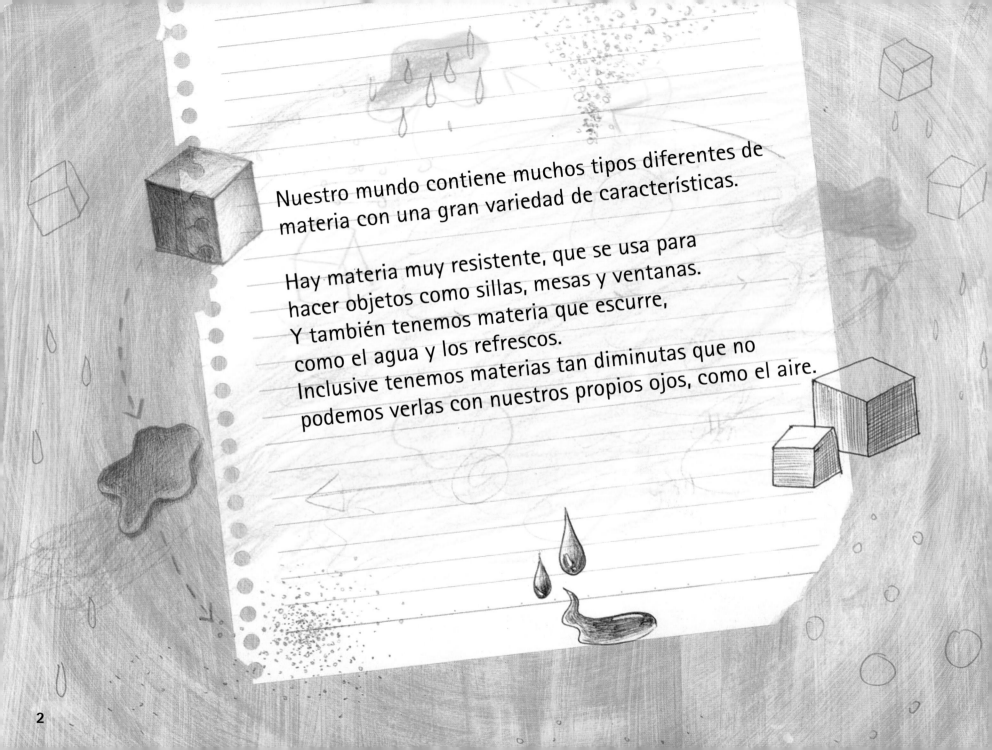

Nuestro mundo contiene muchos tipos diferentes de materia con una gran variedad de características.

Hay materia muy resistente, que se usa para hacer objetos como sillas, mesas y ventanas. Y también tenemos materia que escurre, como el agua y los refrescos. Inclusive tenemos materias tan diminutas que no podemos verlas con nuestros propios ojos, como el aire.

Los árboles tienen madera muy dura. Un motor de metal es muy resistente. Si deseas algo de esta forma, necesitas una materia firme que conserve una forma fija. Este tipo de materia son los *sólidos*.

¡La materia muy dura se llama sólido!

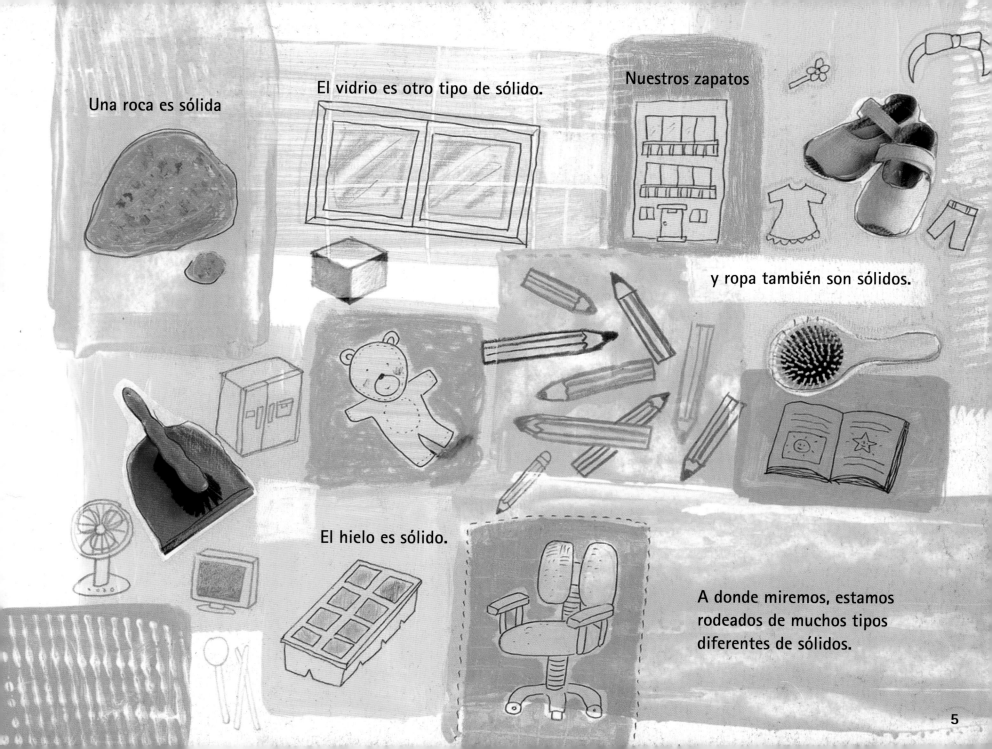

Una roca es sólida

El vidrio es otro tipo de sólido.

Nuestros zapatos

y ropa también son sólidos.

El hielo es sólido.

A donde miremos, estamos rodeados de muchos tipos diferentes de sólidos.

Líquidos

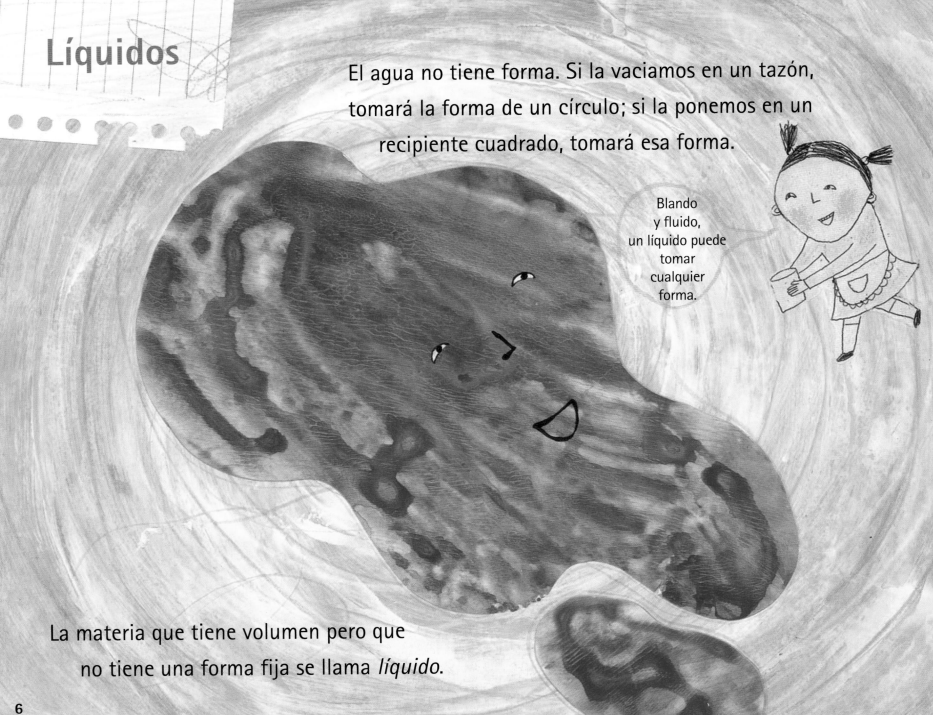

El agua no tiene forma. Si la vaciamos en un tazón, tomará la forma de un círculo; si la ponemos en un recipiente cuadrado, tomará esa forma.

Blando y fluido, un líquido puede tomar cualquier forma.

La materia que tiene volumen pero que no tiene una forma fija se llama *líquido*.

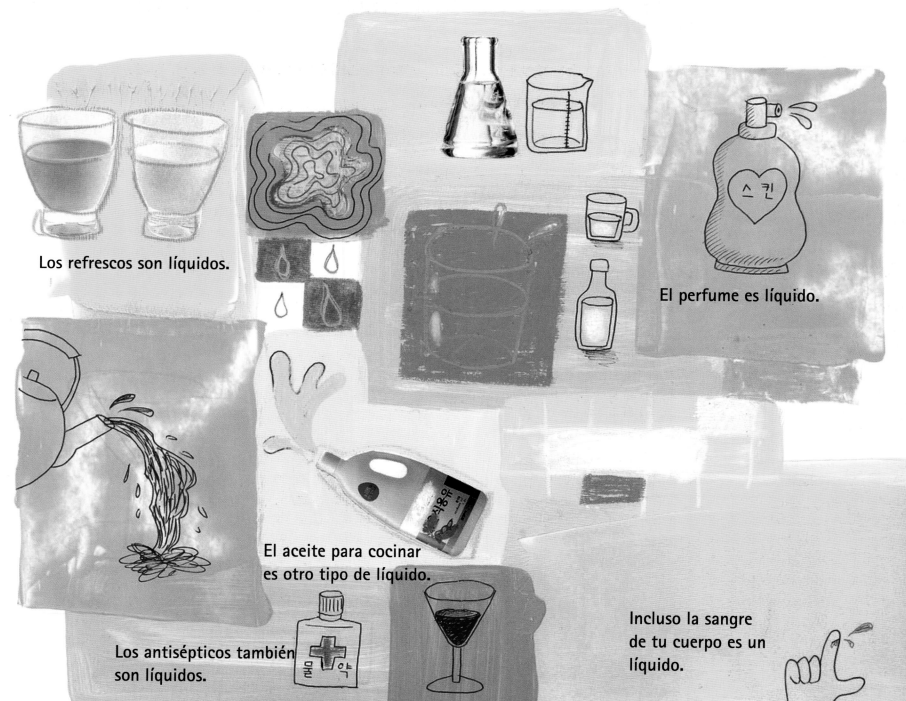

Los refrescos son líquidos.

El perfume es líquido.

El aceite para cocinar
es otro tipo de líquido.

Los antisépticos también
son líquidos.

Incluso la sangre
de tu cuerpo es un
líquido.

7

Gas

¡Respira el aire
fresco!

Toma aire.
¿Puedes sentir el aire que entra en tu nariz?
El aire contiene varios gases mezclados. Uno de éstos
es el oxígeno, sin el cual no podríamos vivir.
Otro es el nitrógeno, el gas más abundante
en el aire.
Nuestro cuerpo genera otro gas, llamado dióxido de carbono,
que no necesita. Cuando exhalamos, expelemos dióxido
de carbono.

¿Inflamos un globo?
El globo se ha inflado muy grande.
¿Qué crees que haya dentro del globo?
Ninguna otra cosa más que aire que flota
sin forma y libre.

No podemos ver los gases.

La materia sin forma fija
y sin volumen, que flota
así a nuestro alrededor,
se llama *gas*.

Además de sólidos, líquidos
y gases, ¿qué otra materia
hay en mi cuerpo?

¡puff! ¡puff!

Sudor, lágrimas y saliva son ejemplos
de líquidos.
Cuando respiramos, el aire que llevamos
a nuestros pulmones es un gas.
Nuestro cabello, manos y pies son sólidos.

En nuestro cuerpo tenemos
sólidos, líquidos y gases.

Nuestro mundo contiene una gran gama de sólidos, líquidos y gases.

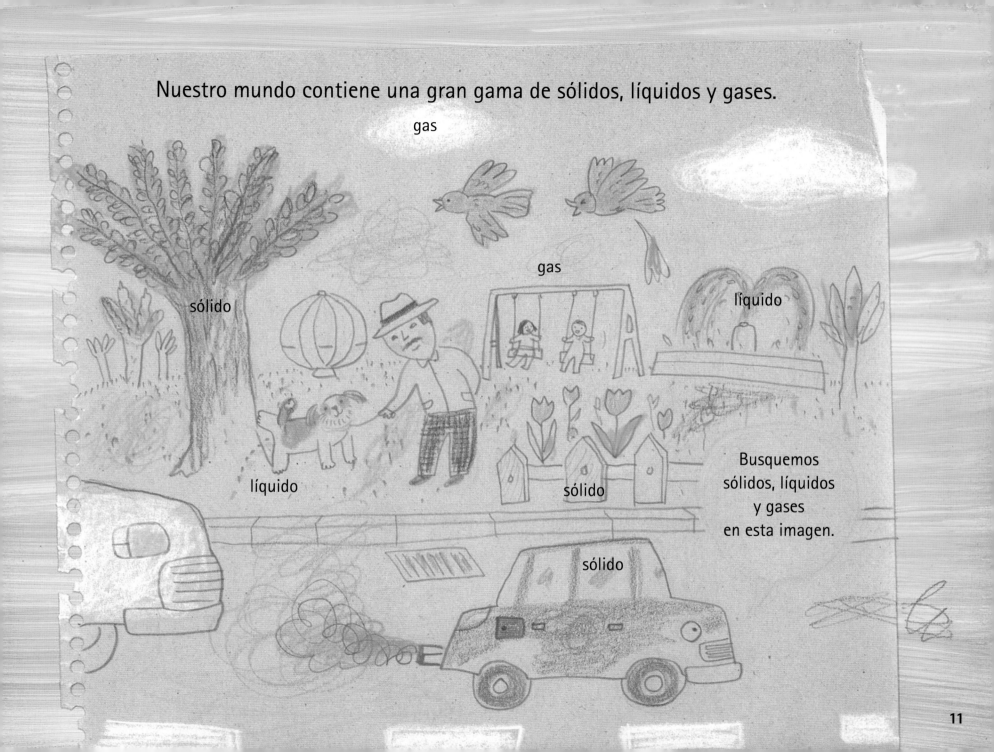

gas

gas

sólido

líquido

líquido

sólido

sólido

Busquemos sólidos, líquidos y gases en esta imagen.

La materia también puede cambiar entre sólida, líquida y gaseosa.

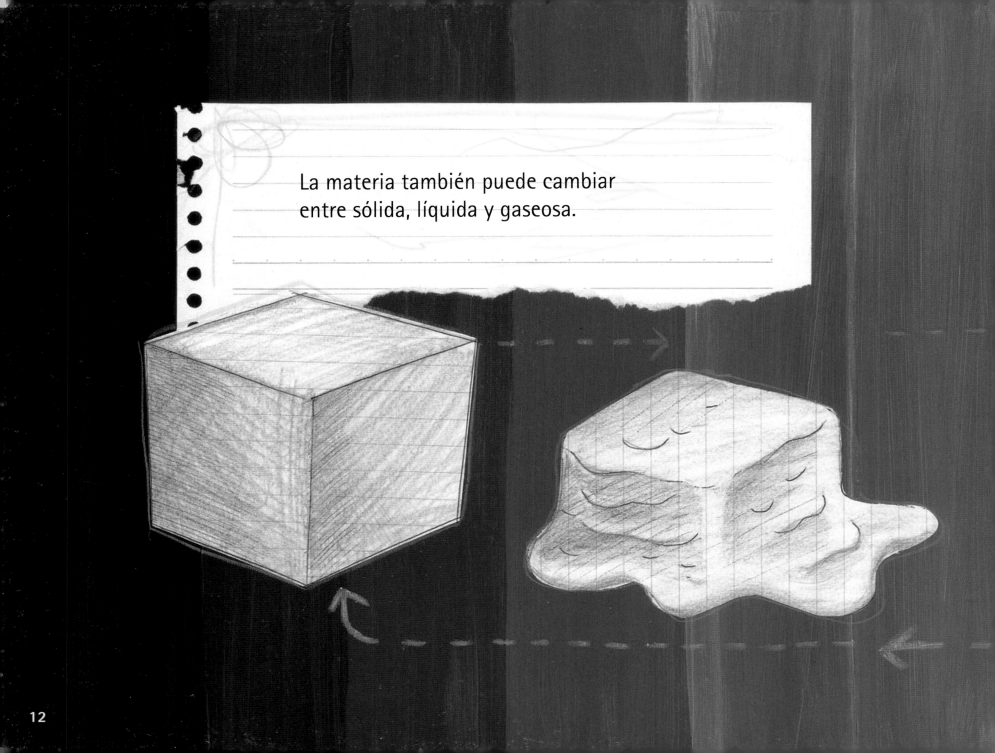

Un sólido puede convertirse en líquido

¡Me encantan los sólidos!
Sólo porque el helado también
es un sólido.

El helado es un sólido blando.

El hielo es otro tipo de sólido.

¡Un muñeco de nieve también
es un sólido!

El helado lo tienes que comer de prisa.
Eso se debe a que el helado se derrite
igual que el hielo,
convirtiéndose en agua.

¡El hielo es un sólido! ¡El agua es un líquido!

Así es como un sólido se convierte en líquido.

¡Oh, no!
¡Se derriten!

Un líquido puede convertirse en gas

¡Mi materia favorita es la líquida!
El sabor del agua fresca
y del dulce jugo de frutas...
Mis favoritos son los líquidos.

leche

Cuando hervimos agua en una olla, podemos ver el vapor elevándose en el aire. El vapor se mezcla con el aire que nos rodea y se hace invisible a nuestros ojos. La ropa mojada se seca porque el agua sale de ella en forma de vapor y se mezcla con otros gases en el aire.

¡El agua es un líquido! ¡El vapor es un gas!

Así es como un líquido se convierte en gas.

¡Oh, está flotando! ¡Está flotando!

Los gases pueden convertirse en líquidos

En lo alto del cielo, las partículas más pequeñas de vapor se unen lentamente para formar gotas de agua. Estas pequeñas gotas son las que se juntan y forman las nubes del cielo.

Me gusta flotar todo el día. ¡Por eso me encanta ser un gas!

Cuando las gotitas de agua de las nubes crecen demasiado, caen a la tierra en forma de lluvia. ¡El vapor es un gas! ¡La lluvia es líquida!

Así es como un gas se convierte en líquido.

¡Guau!
¡Es un líquido de nuevo!

Un líquido se puede convertir en sólido

Si metes una taza de agua al congelador,
el agua se convertirá en hielo.
El agua líquida se convierte en hielo sólido.

¡Vamos a convertir un líquido en sólido!

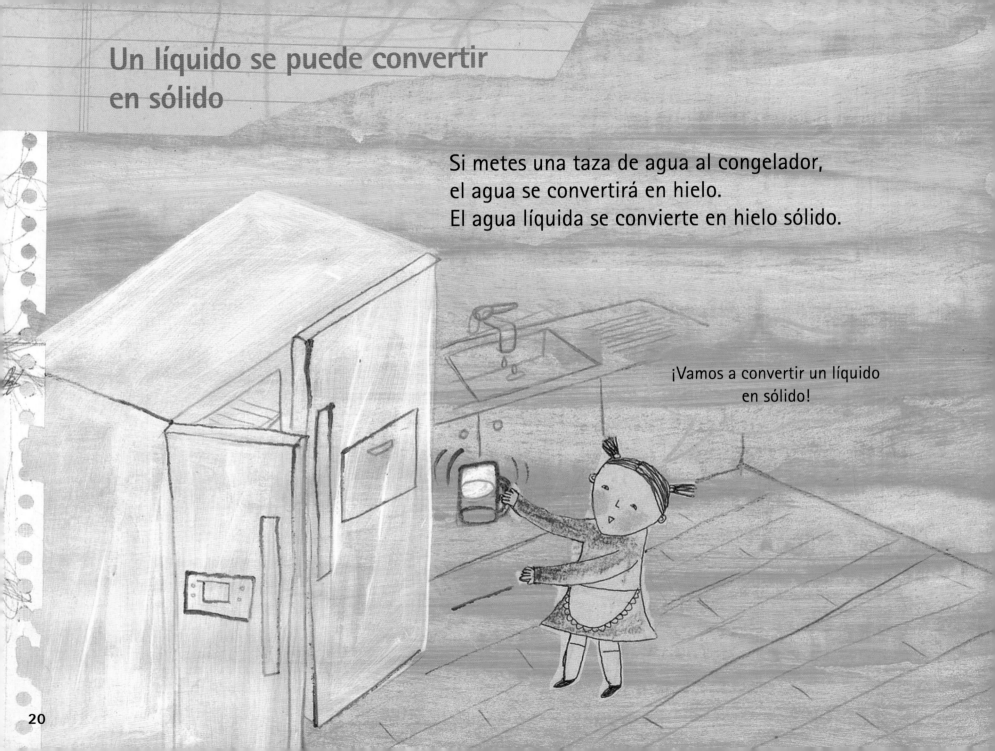

El lago se congela en invierno.
Cuando lo hace, puedes caminar sobre él
y deslizarte con tu trineo todo el día.
Gotas de agua congeladas flotan alrededor del hielo
en forma de copos de nieve.
¡La lluvia es un líquido! ¡La nieve es un sólido!

Así es como un líquido se convierte en sólido.

Cuando enciendes una vela...
Puedes ver que...
un sólido se convierte en un líquido.
Y un líquido se convierte en un gas,
todo al mismo tiempo.

la cera empieza a derretirse
para convertirse en
un líquido.

La cera es un sólido.
Al encender el pabilo...

El pabilo de la vela absorbe la cera líquida
y convierte el líquido en gas.
Así, la llama de la vela convierte
continuamente la cera líquida en gas.

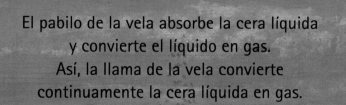

No podemos
ver los gases,
por eso parece
que los líquidos se
desaparecen.

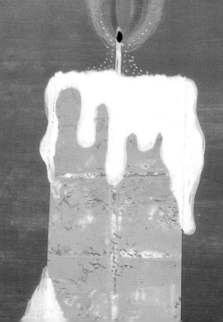

La materia puede cambiar de estado alterando su temperatura

Si deseas convertir un sólido en un líquido y un líquido en gas, es necesario aplicar calor de manera continua.

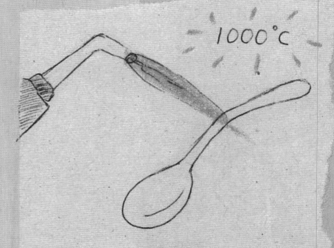

El hielo se derrite fácilmente al menor incremento de calor.

Pero si deseas derretir una pieza de metal, o convertir una roca en un líquido, es necesario calentarlos a temperaturas muy altas.

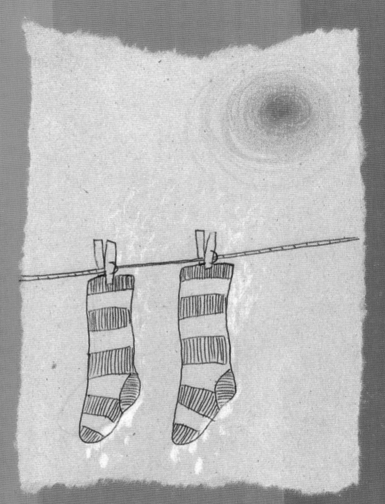

El fuego en la estufa provee el calor necesario para hacer hervir una olla de agua y producir vapor.

Cuando se pone a secar ropa en el tendedero, la luz del Sol produce el calor suficiente para convertir el agua líquida de la ropa en gas.

¿Por qué crees que se forman gotas de agua
en una lata de bebida gaseosa helada?
La respuesta es que cuando el aire toca
la lata helada, pierde calor y se
convierte de nuevo en líquido.

Para convertir un gas
en líquido, y un líquido en
sólido, se necesita hacer
lo contrario: eliminar
el calor.

Conforme la lava caliente fluye volcán abajo, empieza a enfriarse y formar rocas.

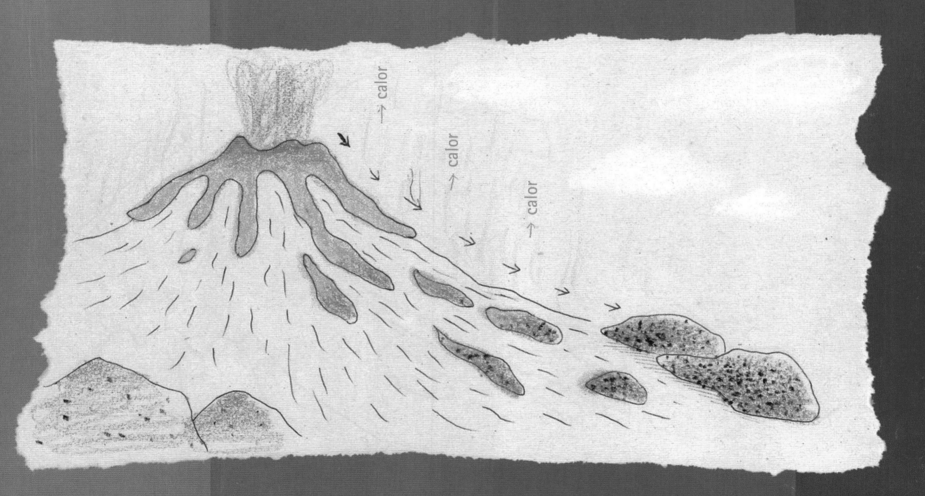

Estamos rodeados de materia por todas partes.
La materia puede presentarse en forma sólida, líquida o gaseosa.
Y podemos cambiar entre estos tres estados, eliminando
o agregando calor.

Si aplicas calor a un sólido, se convierte en líquido.
Si aplicas calor a un líquido, se convierte en gas.
Al revés: si se le quita calor a un gas, se convertirá
en líquido. Y si le quitas calor a un líquido,
se convertirá de nuevo en un sólido.

El calor puede convertir un sólido en líquido y
un líquido en gas.

Ciencia básica

Nota del profesor:
Sólidos, líquidos y gases
Yeong-Jik Kwok (Universidad de Suwon, Facultad de Física)

Nuestro mundo contiene una variedad infinita de materia. Rocas, árboles, hierro, vidrio, plástico, agua y aire son sólo algunos ejemplos. Nuestras casas y otros objetos como tu lápiz, goma y libros, todos están compuestos de materia.

La materia se presenta como sólido, líquido o gas. A esto le llamamos los "tres estados de la materia". Aunque diferentes tipos de materia pueden estar en los tres estados, en cada uno tienen composición y características diferentes.

Un sólido tiene un volumen y forma definidos. Por lo tanto, usamos sólidos diferentes con características variables para construir objetos como edificios, máquinas y aparatos. Piedras, árboles, hierro y hielo son ejemplos de sólidos.

Los líquidos tienen un volumen definido; sin embargo, toman la forma del recipiente que los contiene. El agua y los refrescos son ejemplos de líquidos. Si observas con cuidado, verás que al aplicar calor suficiente a un líquido o un sólido, poco a poco empieza a cambiar de forma. Como líquidos y sólidos ocupan un espacio, se pueden ver y tocar, decimos que los sólidos y los líquidos tienen volumen.

Por otro lado, los gases cambian constantemente de forma, tamaño y volumen. Incluso, si aplicamos calor o cambiamos la presión, los gases continuarán flotando. Como cambian de tamaño y forma tan rápida y constantemente, decimos que los gases no tienen ni forma ni tamaño, pero ocupan espacio.

¿Por qué los gases pueden cambiar tan fácilmente de forma? Supongamos que tenemos una jeringa. En esta jeringa tenemos aire. Si bloqueamos el extremo de salida y tratamos de empujar el émbolo, podemos ver que se puede hacer hasta cierto punto. Esto se debe a que, al principio, las partículas de gas flotaban libremente con mucho espacio entre ellas. Cuando aplicamos presión con el émbolo, todas las partículas de gas de repente se comprimen.

Podemos ver que las partículas de gas flotan libres, con holgura y mucho espacio entre ellas. Por eso llenan el espacio a nuestro alrededor y cambian constantemente de volumen y forma.

Sólidos, líquidos y gases pueden cambiar de un estado a otro. Esto se logra aplicando o eliminando calor.

Los gases tienen mucha energía. Por lo tanto, para convertir un líquido en un gas, debemos aplicar mucho calor. Cuando calentamos agua (un líquido), se convierte en vapor (un gas).

Los sólidos tienen la menor cantidad de energía. Por eso, cuando queremos cambiar un líquido en un sólido tenemos que eliminar el calor. Cuando retiramos el calor del agua (un líquido), se convierte en hielo (un sólido). A veces un sólido puede convertirse directamente en un gas, sin tener que pasar antes por líquido. Esto lo podemos apreciar con las bolas de naftalina de nuestro clóset. Las bolas de naftalina son sólidos que se convierten en gas. Por eso las bolas de naftalina se hacen más chicas con el tiempo.

La materia y sus diferentes estados, y cómo se pueden intercambiar, es un concepto muy importante, porque nuestro planeta y el Universo están hechos de materia: sólidos, líquidos y gases.

Harris County Public Library Houston, TX

El autor, **Yeong-Jik Kwok**, se graduó en Física y Ciencias en la Universidad Nacional de Seúl, y tiene un doctorado por la Universidad de Kentucky, EUA. Actualmente es profesor de Física y Ciencias en la Universidad de Suwon. Le apasiona interesar a los niños en la ciencia de una manera sencilla y amena. Ha escrito muchos libros, entre los que figuran los siguientes: *Roll The Ball, What Colour Is Sunlight?, Science Story, Science Is Fun.*

La ilustradora, **Chung Seong-Hwa**, estudió Artes Visuales en la universidad y tomó el curso Han-kyoreh de ilustración de libros. Obtuvo el primer premio en la sección de Bellas Artes en la Primera Premiación Andersen y recibió un premio para la ilustración de libros del Concurso Nacional Norma, en 2005. Escribió e ilustró *Monkey Magic,* ilustró *The Talented Three Brothers, The Red Carrot Top, Korean Folk Tale ~ Chun Yang, Please Don't Tell Anyone,* entre otros.

Altea

Sólidos, líquidos y gases | ISBN: 978-970-770-910-2

Título original: *Solid, Liquid, and Gas Materials* | D.R. © Yeowon Media, 2006 | De la primera edición en español: D.R. © Santillana Ediciones Generales, S.A. de C.V., 2007, Av. Universidad 767, Col. Del Valle, México, D.F. | Coordinación editorial: Gerardo Mendiola | Traducción y formación: Alquimia Ediciones, S.A. de C.V. | Cuidado de la edición: Carlos Tejada, Gerardo Mendiola y Norma Fernández Guerrero

De esta edición: D.R. © Santillana USA Publishing Company, Inc., 2012. 2023 NW 84th Ave., Doral, FL 33178

Todos los derechos reservados. Ninguna parte de este libro puede ser reproducida por ningún medio o procedimiento, comprendidos la reprografía y el tratamiento informático, ni almacenada en cualquier medio de recuperación, ni transmitida por cualquier forma o cualquier medio, ya sea electrónico, mecánico, de fotocopiado o grabación, sin la autorización de los titulares de los derechos.

www.santillanausa.com